¡Sssssshhhhhhhhhh!

Haz del teatro algo íntimo

Llévalo siempre en el bolsillo

Cubierta y diseño editorial: Éride, Diseño Gráfico
Dirección editorial: ángel jiménez

Primera edición: septiembre, 2024

Santa Perpetua
© Laila Ripoll
© VdB®, 2024
Espronceda, 5
28003 Madrid

VdB®

ISBN: 978-84-18332-72-2
Depósito Legal: M-17876-2024
Diseño y preimpresión: Éride, Diseño Gráfico

Este libro protege el entorno

santa Perpetua

para Juanel

Laila Ripoll
(Madrid, 1964.)

Dramaturga y directora de escena. Ha recibido, entre otros, el Premio Nacional de Literatura Dramática, el Premio Max, el Talía, el Ojo Crítico o el Homenaje de la Muestra de Teatro Español de Autores Contemporáneos. En 1991 funda la compañía de teatro Micomicón, con la que ha viajado por toda Iberoamérica. El contacto con la realidad de ese continente ha dejado una huella profunda en su teatro. Es autora de más de veinte textos teatrales, además de versiones, radioteatros y adaptaciones de textos clásicos y contemporáneos. Su obra ha sido traducida y publicada en francés, húngaro, rumano, portugués, árabe, italiano, croata, griego, inglés y japonés y casi una veintena de sus textos han sido estrenados en España y fuera de ella. Como directora ha dirigido más de treinta espectáculos. Ha formado parte del Consejo del teatro del INAEM y del consejo asesor de la Compañía Nacional de Teatro Clásico. Hasta 2023 ha sido directora artística del Teatro Fernán Gómez, Centro Cultural de la Villa.

Entre sus obras destacan: *La ciudad sitiada* (1999), *Atra Bilis (cuando estemos más tranquilas...)* (2001), *Los niños perdidos* (2005), *Guernika, historia de un viaje* (2006), *Santa Perpetua* (2010), *El triángulo azul* (2014), *Donde el bosque se espesa* (2017).

LAILA RIPOLL

santa Perpetua

Esta obra fue estrenada en el teatro Federico García Lorca de Getafe,
dentro del Festival Madrid Sur, el 31 de octubre de 2010
por Producciones Micomicón con el siguiente reparto Juan Ripoll (PACÍFICO),
Manuel Agredano (PLÁCIDO), Marcos León (PERPETUA) y Mariano Llorente (Zoilo).

Dirección: Laila Ripoll.

Personajes

Pacífico
Plácido
Perpetua
Zoilo

Oscuro. Truenos delirantes. Los relámpagos que entran por las ventanas iluminan la desvencijada estancia de la casona provinciana. A la derecha una puerta con montante conduce al exterior. Al fondo, una puerta doble, con vidrios de colores, da a una alcoba. Unas cortinas con bolillos amarillentos ocultan el interior. Algún hueco en el emplomado se cubre con cartón, celofán y esparadrapo. Una mesa camilla con hule y tapetito de crochet, la jaula de un loro vacía, sillas desencoladas, una estufa, paisajes de lejanos lugares recortados de revistas en las paredes. Todo tiene un aire descuidado y no muy pulcro, una pátina de añeja y pringosa mugre. Voces en la oscuridad:

Santa Bárbara bendita
que en el cielo estás escrita
con papel y agua bendita…

El resplandor de un relámpago ilumina a PLÁCIDO y a PACÍFICO que vestidos con camisones de mujer corren perseguidos por un demonio invisible.

Santa Bárbara bendita,
que en el cielo estás escrita

con papel y agua bendita.
Santa Bárbara doncella,
líbranos de la centella
y del rayo mal parado.
Jesucristo está enclavado
en el ara de la Cruz.
Paternoste, Amén Jesús.

(Trueno enorme. PACÍFICO se estremece.)

PACÍFICO   ¿A que se ha apagado la candela?

PLÁCIDO   ¿Y por qué se va a apagar la mierda de la luminaria?

PACÍFICO   Esa boca, Plácido, por dios...

(Truenos. PLÁCIDO se acongoja.)

PLÁCIDO   Corre, ve a mirar si se ha extinguido.

PACÍFICO   Ve tú, que me siguen los santos y me dan miedo.

PLÁCIDO   Cagón, recagao, cagón.

PACÍFICO   Qué boca, hijo, pero qué boca...

(Rayo terrible. Respingo enorme de los dos hermanos.)

LOS DOS   Santa Bárbara bendita...
Paternoste, paternoste, Amén, Jesús.

PACÍFICO   Mira que como se haya apagado la candela.

PLÁCIDO   Pero mira que estás latoso con la candela. Si tanto te preocupa baja y atisba…

PACÍFICO   Es que como se haya apagado vamos listos…

PLÁCIDO   ¿Y por qué se va a apagar?, vamos a ver.

PACÍFICO   A mí no me hables así y no me mires con esos ojos, que me asustas.

PLÁCIDO   ¿Y por qué se va a apagar, por qué, por qué, por qué, por qué, por qué, por qué?, vamos a ver.

PACÍFICO   Los truenos, los relámpagos, los malos espíritus que soplan, los catorce santos auxiliadores que pasan como una exhalación para darnos pellizcos y hacen corriente, que sé yo…

PLÁCIDO   Pues si no sabes te callas.

PACÍFICO   Que hace una madrugada muy mala, hijo, pero que muy mala.

PLÁCIDO   Pues yo ya estoy cansado. Cansado y harto de estar todas las semanas con la misma zozobra. Si se extingue que se extinga…

PACÍFICO   ¡Qué dices! ¡Solo faltaba! Que ya sabes lo mirada que es la Santa para estas cosas…

PLÁCIDO   Cosas que solo a ella se le alcanzan, porque lo que somos los demás…

PACÍFICO   Cosas que entiende porque vienen de madre, y de la madre de madre, y de la madre de la madre de madre, y de la madre, de la madre, de la madre, de la madre de madre…

PLÁCIDO   Yo no recuerdo a madre encendiendo ninguna candela.

PACÍFICO   Porque la metía dentro de un puchero, para que no la vieran los vecinos, y solo se lo contó a Perpetua, que para eso es la mayor, es mujer y es santa.

PLÁCIDO   Tantos años y remembrarse de todos esos rezos que hace…

PACÍFICO   Son cosas de la santidad. A Perpetua le alcanza la memoria hasta el Génesis.

PLÁCIDO   Sí.

PACÍFICO   Y, a veces, hasta antes, hasta mucho antes.

PLÁCIDO   Sí, si quiere, la Santa se acuerda hasta de la Nada.

    (Trueno, se ilumina la escena. Los hermanos corren otra vez, perseguidos sabe dios por qué….)

LOS DOS   Santa Bárbara bendita
             que en el cielo estás escrita
             con papel y agua bendita…

PERPETUA   *(En off.)* ¡La candela! ¡La candela! ¡¡La can-
             dela!!!! ¡Se ha apagado la candela!

PLÁCIDO   ¡Corre, corre, baja y la vuelves a prender!

PACÍFICO   No, que me siguen los santos y me dan miedo.

PERPETUA   *(En off y como las locas.)* ¡La candela! ¡Que se
             ha apagado la candela y viene la desgracia!
             ¡Que se ha apagado la candela y nos vamos a
             caer con todo el equipo!

PLÁCIDO   ¡Que bajes!

PACÍFICO   ¡Que no!

PERPETUA   *(En off.)* ¡La candela!

PLÁCIDO   ¡Baja!

PACÍFICO   ¡No me da la gana!

PLÁCIDO   ¡Baja, me cago en tu estampa!

PACÍFICO   ¡Ni a rastras, ni muerto!

PLÁCIDO   ¡La madre que te parió!

             (Sale.)

PERPETUA   *(En off.)* ¡La candela! ¡Encender la candela! ¡Que no se entere la desgracia que se ha apagado la candela! ¡Que lo presiento! ¡Que lo estoy sintiendo, que ya nada va a volver a ser. *(Canta con voz de ultratumba, terrible entre los rayos y los truenos.)*

> La desgracia es ambulante,
> con la luz se atemoriza,
> con ella lo malo huye
> y lo bueno garantiza…
>
> El mundo se está acabando
> ya no es dios el que gobierna,
> el demonio es el que reina
> por lo que estamos mirando…

¡Encender esa candela! ¡Que la desgracia está a la puerta y araña con la garra descarnada! ¡Que la veo, que la estoy viendo, que asoma la patita por debajo de la puerta y enseña las uñas negras como el carbón!

PACÍFICO   Santa Bárbara bendita
que en el dielo estás escrita
con papel y agua bendita…

PERPETUA   *(En off.)* ¡La candela!

(Bruscamente se hace el silencio. PERPETUA se calla de sopetón. PACÍFICO, extrañado, asoma la cabeza por entre las cortinas del fondo. Nada.

Un Trueno hace que PACÍFICO *dé un respingo.*
Entra PLÁCIDO.)

PLÁCIDO   ¿Ya se ha callado?

PACÍFICO   No hace ni un segundo.

PLÁCIDO   En cuanto que he vuelto a encender la lumi-
            naria.

PACÍFICO   ¿Y cómo lo sabrá?

PLÁCIDO   ¿El qué?

PACÍFICO   Todo. Cómo lo sabrá todo: el que se ha apa-
            gado la candela y el que tú la has encendido,
            y quién está en la puerta, y quién se ha muer-
            to y cuándo, y dónde están las calles, y las lla-
            ves, y quién vive dónde, y lo que hay, que no
            quiere que sepamos, en la dehesa.

PLÁCIDO   Es la santidad, que otorga un sexto sentido.

PACÍFICO   Los ojos que no tiene en la cara, los tiene en
            todas partes y en todos los tiempos. (*Pausa
            tensa, expectante. En el silencio* PACÍFICO *se tira
            un pedo de los que hacen época.* PLÁCIDO *lo ful-
            mina con la mirada.*) Es que va a cambiar el
            tiempo.

            (*Pausa larga. Se escucha un hondo suspiro, casi
            un estertor, tras la cortina del fondo. Los dos*

hermanos se acercan con mucho respeto. Escuchan, se miran, escuchan.)

PLÁCIDO   ¿Qué hace ahora?

PACÍFICO   Respira fuerte.

PLÁCIDO   Eso es que duerme.

PACÍFICO   Eso parece.

PERPETUA   *(En off.)* Error. Yo no duermo nunca. Y como se os vuelva a apagar la candela ya podéis escarbar un hoyo bien profundo para esconderos.

PACÍFICO   Son los santos, los santos auxiliadores, que pasan corriendo, y nos dan pellizcos y hacen corriente.

PLÁCIDO   ¿Quieres una tisana?

PERPETUA   *(En off.)* ¿Qué hacéis que no estáis durmiendo?

PLÁCIDO   Que hace una madrugada muy perversa, hija, pero que muy perversa. ¿No se te antoja una tisana?

PACÍFICO   A mí me han despertado los santos, y me han perseguido por toda la casa.

PLÁCIDO   Hoy están alborotados, los santos, más que de ordinario.

PACÍFICO Es la electricidad, que los alborota.

PERPETUA (*En off.*) Falta muy poco para que amanezca.

PLÁCIDO Sí.

PERPETUA Sacadme, hijos, que me aburro.

(*De detrás de las cortinas* PLÁCIDO *y* PACÍFICO *sacan a* PERPETUA *en una cama decorada hasta el delirio con santos, lazos, banderas, vírgenes y exvotos.* PERPETUA *es vieja, tan vieja como la injusticia. Tiene los ojos apagados y las manos y la cara transparentes. Va vestida con un hábito pardo, del Carmen. Colocan la cama cerca de una ventana y descorren los visillos para que las primeras luces de la mañana calienten al carcamal. Los dos hermanos recolocan las almohadas y la colcha bordada y ayudan a* PERPETUA *a incorporarse.*)

PLÁCIDO ¿No quieres una tisana?

PERPETUA Prefiero un café con leche.

PLÁCIDO Mejor una tisana, que ya sabes que el café es perjudicial para tu tensión.

PACÍFICO Yo no sé para qué te vale ser santa si no te puedes tomar ni un mal café con leche.

PERPETUA Pues eso digo yo.

PLÁCIDO   Tú no le calientes los cascos, que todavía nos
            tiene que durar muchos años.

            (PLÁCIDO *sale a preparar la tisana.* PACÍFICO,
            aún asustado, rebusca por los rincones.)

PERPETUA   ¿Qué buscas, nene?

PACÍFICO   A los santos auxiliadores, a ver dónde se han
            metido.

PERPETUA   Deja a los santos y ven, hijo. Mira, mira tú que
            puedes, qué hermosura de amanecer, cómo se
            adivina el sol entre las nubes de tormenta,
            cómo se recorta la torre de la Asunción entre
            tanta claridad difuminada…

            (PACÍFICO, *sin entender cómo los ojos sin luz*
            de PERPETUA *aciertan a ver el amanecer, se san-*
            tigua.)

PACÍFICO   ¿Quieres que te lea las visitas del día?

PERPETUA   Mil visitas que tengas,
            alcorza comas,
            tres días de grande fiesta
            y alegrías todas.
            Lee, hijo, lee.

            (PACÍFICO *coge una libreta de tapas duras de en-*
            cima de la mesa camilla y lee.)

PACÍFICO   A primera hora viene una de Espeja, para que
             le palpes el vientre, que parece que la cuitada
             no se empreña y tiene miedo de estar mañera.

PERPETUA   Mujer sin criaturas es un árbol sin fruta.

PACÍFICO   Luego viene una pareja de novios del otro lado
             de la raya para hacerse la fotografía contigo.

PERPETUA   ¿Han dicho qué fondo quieren?

PACÍFICO   El de la Alhambra de Granada.

PERPETUA   ¿Para un matrimonio?

PACÍFICO   Eso viene aquí apuntado.

PERPETUA   ¿Para un santo sacramento un sitio de moros?

PACÍFICO   Hija, es que es muy lucido.

PERPETUA   También es lucido san Pedro de Roma o la ba-
             sílica del Pilar y mucho más propio.

PACÍFICO   Yo no te sé qué decir, que ya sabes que mu-
             cho mundo no tengo.

PERPETUA   Endiluego… un sitio de moros para un santo
             sacramento, lo que tiene una que vivir…

PACÍFICO   Como son del otro lado de la raya les gustará
             lo exótico, qué sé yo…

PERPETUA   Si es que estamos perdidos… pero en fin… ¿Más visitas?

PACÍFICO   Una fotografía con una niña que toma su primera comunión con fondo de campos de Castilla, una de Villar a ver si le encuentras novio, un grupo de señoras de la capital para besarte el hábito y que les bendigas unas peladillas y creo que nada más.

PERPETUA   Poca cosa para un sábado.

(PACÍFICO *se tira un pedo.*)

PACÍFICO   Es que hace muy mal tiempo.

(*Entra* PLÁCIDO, *que se ha puesto una bata de mujer, con una taza humeante.*)

PLÁCIDO   La tisana.

PERPETUA   Gracias, hijo. ¿Y no habrá una galletita María para mojar?

PLÁCIDO   Nada, que engordas y con el lustre pierdes empaque.

PACÍFICO   Endiluego, es que eres peor que una madrastrona.

PLÁCIDO   Lo hago por su bien.

PERPETUA	Bueno, lo tomaré como una prueba más que me manda el Altísimo.
PLÁCIDO	Eso, y bébela deprisa que fría no aprovecha.
PERPETUA	(*Bendiciendo la tisana.*) Tisana, tisanita que todo lo quitas: desde el mal de ijada hasta las tercianas; desde los dolores a los sofocones… Si el Creador lo manda buen provecho me hagas, si lo manda el diablo, que te den cagarro… Amén.

(PERPETUA *da unos sorbitos a la tisana, mientras* PACÍFICO *repasa la libreta y* PLÁCIDO *termina de aviar sábanas, colchas y almohadas de la cama de la Santa. Mientras repasa la libreta,* PACÍFICO *se mordisquea las uñas.*)

PLÁCIDO	¿Qué es eso que suena?
PACÍFICO	…
PLÁCIDO	¿Qué estás perpetrando?
PACÍFICO	¿Yo? Nada.
PLÁCIDO	¿Cómo que nada?

PACÍFICO   Nada.

PLÁCIDO   Suena a uña.

PACÍFICO   Será en la calle.

PLÁCIDO   Te estás cortando las uñas, Pacífico. ¡Pacífico se está cortando las uñas, Perpetua!

PACÍFICO   No es verdad.

PLÁCIDO   Te estás cortando las uñas en sábado, con el infortunio que eso trae.

PACÍFICO   Me he mordido un padrastro, nada más.

PLÁCIDO   ¿Tú qué quieres? ¿Que nos venga una hecatombe? ¿Tú estás tonto?

PERPETUA   (*Entre risitas y sorbitos de tisana.*) Vaya una pregunta retórica de esas que haces, majo. Pues claro que está tonto.

PLÁCIDO   Se está mordiendo las uñas.

PACÍFICO   Me he mordido un padrastro, acusica.

PERPETUA   Sabes de sobra que cortarse las uñas en sábado trae desgracias, Pacífico, hijo, si es que lo sabes de toda la vida.

PACÍFICO   Me he mordido un padrastro.

PLÁCIDO   Y como si nada, ahí sigue, roe que te roe las uñas para que nos venga la desdicha, como si no lo supiera, como si no supiera todo el mundo que cortarse las uñas en sábado trae desgracias…

PACÍFICO   Me voy a asear.

PLÁCIDO   Eso, y a echarte pedos, como si la cosa no fuera contigo, mala bestia.

PERPETUA   Vete a vigilar que no se apague la candela y no te vuelvas a meter la uña en la boca.

PLÁCIDO   Que si no, te corto yo la mano, animal.

PERPETUA   No regañís, no regañís, que eso está feo, que los hermanos no tienen que regañar.

(Sale PACÍFICO *canturreando aquello de «Acusica, acusica, el culo te pica, por fea y por mala, porque no vales nada…» y durante la siguiente escena –y posteriores– escucharemos claramente la retahíla de pedos de distintos tonos y timbres que anuncian el cambio de tiempo.)*

PLÁCIDO   ¿Ya te ha dado Pacífico el parte del día?

PERPETUA   *(Sin dejar de dar sorbitos a la tisana.)* El lunes tendrás que llamar a que vean la gotera que está saliendo al lado de la puerta.

PLÁCIDO   ¿Qué gotera?

            (PLÁCIDO *dirige la vista hacia donde le dice su
            hermana. Pedo de* PACÍFICO.)

PERPETUA   Se ha debido de mover una teja y con la llu-
            via está entrando el agua.

PLÁCIDO   Yo no diviso nada.

PERPETUA   Si sigue lloviendo vas a tener que colocar un
            cubo…

            (*Pedo de* PACÍFICO.)

PLÁCIDO   Endiluego… yo no sé qué come este animal.

PERPETUA   Deja a la criatura, que peerse es sano. Y de
            paso que se suben al tejado, que miren en la
            parte de atrás, que han anidado palomas y lo
            están poniendo todo perdido, y con el peso se
            va a venir el cañizo aba, aba, aba…

PLÁCIDO   No, hija, no, Perpetua, ahora no, que es sá-
            bado y una hora muy mala.

PERPETUA   Aba… aba… aba…

            (PERPETUA *comienza a convulsionar…*)

PLÁCIDO   Piensa en otra cosa, hija…

PERPETUA   Gaaad, gaaaaag, gaaad… Gadafi, acusado de ordenar violaciones…[1].

PLÁCIDO   O mejor, en nada, no pienses en nada, ¡No pienses, Perpetua, por el amor del Dador, no pienses!!!

PERPETUA   *(Presa de convulsiones terribles.)* La norma antirruido apaga el corazón de la fiesta del Orgullo Gay… Dos muertos al estrellarse una avioneta… (*Truenos, relámpagos, rayos y centellas.* PERPETUA *convulsiona ferozmente, mientras* PLÁCIDO *intenta sujetarla.)* Exposición de arte turco contemporáneo… Un hombre fallece en un vuelco… Secuestrado un ex candidato presidencial… Fuencarral, chalet tres dormitorios, dos baños, para entrar… Inditex, Iberdrola valor en Bolsa…

PLÁCIDO   ¡Pacífico! ¡Pacífico!

    (Entra PACÍFICO *ya vestido de calle.)*

PACÍFICO   ¿Qué pasa?

---

[1] Las dos primeras informaciones corresponden a la edición impresa de EL PAÍS del 10 de junio de 2011, fecha de la última revisión del texto. En cada función, las noticias deben ir variando de acuerdo con la actualidad, cuanto más reciente mejor. El resto de informaciones que da Perpetua son noticias «comodín», es decir, no se corresponden con ninguna actualidad y nunca pierden frescura.

PLÁCIDO   Ya le ha dado otra vez, ya lo está vislumbran-
             do todo. Ayúdame, ayúdame a sujetarla, que
             se me cae de la cama.

PACÍFICO   ¿Ha dado ya los resultados del futbol?

PLÁCIDO   ¡Ayúdame, por lo que más quieras, y déjate de
             futbol!

PACÍFICO   Espera, que voy a por la quiniela…

             (*Sale a toda prisa.*)

PLÁCIDO   ¡Ni se te ocurra! ¡Pacífico! ¡Pacíficooo!

PERPETUA   Al menos cuarenta personas mueren en un
             atentado… Dieciocho personas asesinadas
             por ataques del narcotráfico… Condenado
             un policía por agredir a un hombre… Dos
             edificios se derrumban…

PLÁCIDO   ¡Pacífico! ¡Pacíficoooo!

             (*Vuelve a entrar* PACÍFICO *quiniela y bolígrafo
             en ristre.*)

PACÍFICO   ¿Ha dicho algo del futbol?

PLÁCIDO   ¡Sujeta! ¡Ayúdame a sujetarla! ¡Agarra ahí,
             por lo que más quieras, que se nos cae, que se
             nos viene abajo!

(Los dos hermanos sujetan como pueden a la vieja, que se sacude con una fuerza terrible…)

PERPETUA   La reina en una inauguración… Dos montañeros muertos… Barcelona 4, Valladolid 0…[2].

(PACÍFICO suelta por un momento a PERPETUA y consulta la quiniela.)

PLÁCIDO   Pero… ¿qué haces, animal? ¡No la sueltes…!

PACÍFICO   Un momentito, hijo, qué prisas…

PERPETUA   Racing 2, Sporting 0…

PACÍFICO   ¡Toma! Felomenal…

PLÁCIDO   ¡Tonto! ¡Tonto de baba! ¡Tonto del culo! ¡Maldita sea tu sombra!!! ¡Me cago en ti!!

PACÍFICO   Si no me hubierais quitado el transistor… ¡Y no me des más en la cabeza, que me vas a dejar tontito!

PLÁCIDO   ¡Me cago en tu estampa!!! ¡Retrasado!

PERPETUA   *(En un torbellino, a toda velocidad.)* Ricky Martin anuncia que quiere tener una niña. Los pepinos andaluces contra la administración de

---

[2] Al igual que las informaciones, los resultados de la quiniela deberían corresponderse con los de la jornada.

Hamburgo. Un hombre de 57 años atropellado mortalmente. Evo Morales pide perdón a los homosexuales. Hallan raro «pez remo» frente a las costas de Suecia. Museo limpia dinosaurio para exhibición. Puertorriqueño declara culpable asesinar gay. Inauguran Ecuador ruta inca. Beyonce ameniza cena... Terremoto... Concurso... Pantoja... Violación... Asesinato... Gol... Malaria... Accidente... Paro... Gays... Cáncer... IBEX... Inter... Maradona... Raúl Castro...[3].

(Poco a poco las convulsiones ceden. PACÍFICO se tira un pedo. Se escucha el sonido machacón y rítmico de una gota de agua golpeando en el suelo.)

PLÁCIDO   Parece que ya cede.

PACÍFICO   ¿Del Madrid no ha dicho nada?

PLÁCIDO   ¡Gilipollas!

PACÍFICO   Pues déjame tener un transistor y así no tendré que enterarme de los resultados por la Santa.

(PERPETUA, poco a poco, va regresando a su ser.)

---

[3] En este último torbellino Perpetua mezcla churras, merinas y noticias frescas. Queda a criterio del director y del actor/actriz el porcentaje.

PERPETUA   Ay, hijos, qué cruz, qué cruz tengo. Cuánto sufrimiento da el verlo todo…

PLÁCIDO   Esto te lo tendrías que hacer mirar, Perpetua.

PERPETUA   ¿A estas alturas? Sí llevo casi un siglo con ello a cuestas… No, hijo, no, no.

PLÁCIDO   Pero cada vez te da con más ímpetu y más seguido.

PERPETUA   Porque cada vez estoy más vieja.

PACÍFICO   Son las cosas de ser santa.

PERPETUA   Es un don divino. Me lo manda el Eterno y yo lo acepto agradecida. Así tiene que ser. (*Silencio. La gota de agua golpea en el suelo.*) Poner una jofaina, que ya entra el agua.

(PLÁCIDO *sale a buscar el barreño.* PACÍFICO *besa con ternura la frente sudorosa del esqueleto y se sienta a los pies de la cama.*)

PACÍFICO   Perpetua…

PERPETUA   Dime, hijo…

PACÍFICO   ¿Qué es lo que ves?

PERPETUA   Todo, hijo, lo veo todo.

PACÍFICO   ¿Lo que ha pasado?

PERPETUA   Y lo que está pasando, hijo, y lo que va a pasar, también…

PACÍFICO   ¿Y sufres mucho?

PERPETUA   Mucho.

PACÍFICO   ¿Y el mar también lo ves?

PERPETUA   También, hijo, todo.

PACÍFICO   ¿Y la Alhambra de Granada?

PERPETUA   Todo, todo.

PACÍFICO   ¿Y el Bernabéu?

PERPETUA   Que sé yo, hijo, supongo que sí… son tantos los sucedidos que pasan al mismo tiempo…

PACÍFICO   ¿Y por qué no puedo tener un transistor para poder enterarme yo de las cosas?

PERPETUA   Porque me hace interferencias y pierdo santidad, hijo, si lo sabes de sobra…

            (*Vuelve a entrar* PLÁCIDO *con un balde de zinc que coloca debajo de la gotera.*)

PLÁCIDO   Ya está aquí ese otra vez.

PERPETUA   ¿Tan temprano?

PLÁCIDO   Tan temprano.

PERPETUA   ¿Y qué quiere?

PLÁCIDO   ¿Qué va a querer? Lo de siempre.

PERPETUA   ¿La bicicleta?

PLÁCIDO   La bicicleta.

PERPETUA   Señor, qué martirio de hombre, toda la vida a vueltas con la dichosa bicicleta.

PLÁCIDO   Dice que ya está bien y que de hoy no pasa. Y que si no se la devuelves, te monta una zapatiesta fenomenal y se queda a la puerta todo el día y, si hace falta, pasa la noche al raso.

PERPETUA   Pues que la pase.

PLÁCIDO   Lo que tú digas.

            (*Silencio. Truenos.* PLÁCIDO *pasa la fregona en torno al barreño,* PACÍFICO *revisa la quiniela y persigue a* PLÁCIDO. PERPETUA *parece dormitar.*)

PACÍFICO   Tengo ya tres aciertos en la quiniela.

PLÁCIDO   Mira tú qué bien.

PACÍFICO   ¿Quieres verlos?

PLÁCIDO   No.

> (*Silencio. La gota malaya golpea la jofaina,* Pacífico *se queda pensando en las musarañas. Trueno.*)

Pacífico   ¿Y ese hombre se va a quedar ahí, en la puerta, el pobre, con la que está cayendo?

Plácido   Eso parece.

Pacífico   ¿Y por qué no entra?

Plácido   Eso se lo inquieres a tu hermana.

Pacífico   Perpetua… (Perpetua, *como entre sueños, canturrea.*) Perpetua… (Perpetua *sigue canturreando.*) ¡Perpetua!

Perpetua   Mmmmm…

Pacífico   ¿Dormías?

Perpetua   Nunca.

Pacífico   ¿Te puedo preguntar una cosa?

Perpetua   Dime, nene.

Pacífico   ¿Por qué no le devuelves la bicicleta?

Perpetua   ¿Qué bicicleta?

Pacífico   Pues la bicicleta.

PERPETUA   Porque es mía.

PACÍFICO   ¿Y por qué es tuya?

PERPETUA   Porque sí.

            (*Pausa.* PACÍFICO *reflexiona.*)

PACÍFICO   Y si es tuya ¿por qué en la barra pone escrito «Zoilo» con pintura verde?

PERPETUA   (*Canta.*)
            «Considera que yo estoy
            en la cama y bien caliente,
            y tú estás a mi ventana
            pegando diente con diente…».

PACÍFICO   ¿Y para qué quieres tú una bicicleta roñosa que, además, tiene barra?

PERPETUA   Anda, vete a ver la candela… hijo, a vigilar la candela no sea que se apague.

            (*Silencio. Gota.* PACÍFICO *inicia el mutis, pero se queda a medio camino, mirando al techo.*)

PACÍFICO   Perpetua…

PERPETUA   ¿Qué quieres ahora?

PACÍFICO   Y si lo ves todo, ¿cómo no has visto al hombre a la puerta?

PERPETUA   (*Canta.*)
           «…quiera Dios que el agua lo entierre,
           quiera Dios que se ahogue y se anegue».

PLÁCIDO   Pacífico, no enredes…

PACÍFICO   No hay quien lo entienda. ¿Por qué nunca po-
            demos hablar del hombre? ¿Por qué cada vez
            que pregunto sales por la tangente? ¿Por qué
            solo se puede arar en una parte de la dehesa?
            ¿Por qué enciendes la luminaria? ¿Por qué
            nunca puedes ver al hombre? ¿Por qué…?

PLÁCIDO   ¡Ay, calla ya con tanto por qué que me tienes
            la cabeza loca! ¿No has oído a la Santa? Pues
            hala, a vigilar la candela.

PACÍFICO   No, que seguro que están los santos abajo, aga-
            zapados, y me da miedo. Me voy a ver al hom-
            bre por la ventana y a prepararme un bocadi-
            llo de jamón.

            (*Sale y se tira un pedo.*)

PLÁCIDO   Este niño, con la edad, se está volviendo to-
            davía más memo, si cabe. (*Suena, atronadora,
            una música de otra época, con sonido de gra-
            mola vieja.*) ¿Escuchas?

PERPETUA   Se acaba el mundo.

PLÁCIDO   ¡Pacífico! ¡Pacífico!

PERPETUA   Se acaba, se acaba el mundo. Es el mal, que se
            acantona ante nuestra puerta…

PLÁCIDO   Le voy a escachar el casco a esa bestia. ¡Pací-
            fico, desgraciado! ¿Es que no sabes que en esta
            casa están prohibidos los aparatos?

PERPETUA   Ya están aquí otra vez las hordas, las hordas
            de demonios que vienen a remover la tierra y
            a quitarnos lo que es nuestro. Se acaba el mun-
            do, hijos…

PLÁCIDO   ¡Pacífico! ¡Pacífico!

            (*Entra* PACÍFICO, *comiéndose un bocadillo y con
            un botellín.*)

PACÍFICO   Es el hombre, que trae un transistor enorme
            con una bocina que atruena, que dice que si
            no le abrimos sigue con la música y con el es-
            cándalo hasta que se enteren todos y dios el
            primero y que ha llamado a los periódicos para
            que lo saquen en primera plana.

PLÁCIDO   Lo que nos faltaba.

PERPETUA   Ay, qué sacrificado y lastimoso es tener siem-
            pre razón, qué de angustias y pesares provo-
            ca estar siempre del lado bueno…

PLÁCIDO   ¿Qué hacemos?

PERPETUA   Ay, qué desazón, pero que desazón más grande. Se me quiebra el pecho, se me hace trizas el alma...

PACÍFICO   ¿Abro?

PERPETUA   *(Transformada, sin transición, en tarasca iracunda que echa fuego por la boca.)* ¡Nunca!

PLÁCIDO   Perpetua, que en un rato van a empezar a llegar las visitas...

PERPETUA   Echadle un balde de agua, o mejor, de salfumán y ya veréis como se marcha...

PLÁCIDO   Sí, hombre, para que se corra la voz y en vez de santa te motejen de hija de puta.

PERPETUA   Un tiro, metedle un tiro y muerto el perro se acabó la rabia...

PLÁCIDO   Perpetua, que te estoy desconociendo...

PACÍFICO   ¿Abro o no abro...?

PERPETUA   ¡Nos quieren quitar lo que tanto esfuerzo nos ha costado! ¡Que se empieza por una bicicleta y se acaba con las tierras, la casa y la fama!

PLÁCIDO   Perpetua, que como cuando lleguen las visitas siga ese dale que dale se nos arruina el negocio.

PERPETUA   Que ese no quiere la bicicleta, que ese lo que quiere es romperme el alma, llenarme de zanjas la dehesa y dejarnos a los tres con el culo y los huesos al aire...

PLÁCIDO   Perpetua: algo habrá que hacer.

PERPETUA   ¡Me mato! ¡Lo mato! ¡Os mato a todos!

PLÁCIDO   Hija, cuando te pones cabezona... Hazle entrar, pero que se quede en el zaguán, que no avance ni un paso del quicio de la puerta, que ahora mismo bajo yo a parlamentar con él. Y ni una palabra sobre la candela, ¿me has oído? ¡Ni una palabra!

(PACÍFICO *sale corriendo.*)

PERPETUA   Cobarde, arrastrada, cagueta...

PLÁCIDO   Perpetua, por amor del Altísimo, ten un poco de sentido común. (*Silencio. La música deja de sonar.*) ¡Qué descanso!

PERPETUA   Tráeme la arqueta de las reliquias.

PLÁCIDO   ¿Ahora?

PERPETUA   Ahora. Ya que me voy a encontrar cara a cara con el Maligno, por lo menos que me encuentre preparada. (PLÁCIDO *trae la arqueta y se la entrega a* PERPETUA, *que saca de su interior las reliquias y se las coloca sobre el pecho.*) Y a ti que no se te ocurra salir así vestido. Ponte siquiera unos pantalones, que luego todo se sabe… (PLÁCIDO *sale.*) ¡Y la candela la escondes dentro de un puchero! Solo faltaba que se enterara precisamente este… (*Silencio,* PERPETUA *olfatea el ambiente y dirige sus ojos sin luz a la puerta.*) Entra de una vez, pérfido.

(*Trueno brutal. Entra* ZOILO. *Llega empapado, con un abrigo largo, gafas y un sombrero, como de otra época. Todo en él recuerda a la figura clásica de don Antonio Machado.* PACÍFICO, *por detrás, zascandilea arrastrando un amplificador digno de los gitanos de la cabra.*)

PACÍFICO Le he dicho *cienes* de veces que se esperara, que ahora venía mi hermano, pero no me ha querido hacer caso y se me ha escabullido. ¿Has visto qué transistor más majo?

PERPETUA ¿Qué quieres?

ZOILO Lo sabe usted de sobra.

PERPETUA No sé de qué me estás hablando, así que ya puedes coger la puerta y largarte con viento fresco, que estoy esperando una visita.

ZOILO No, señora.

PERPETUA ¿Cómo que no, impertinente?

ZOILO   Usted perdone, pero yo no me marcho de aquí sin la bicicleta.

PERPETUA   Tienes muy poca vergüenza.

ZOILO   Sabe que podría pedir cosas mayores.

PERPETUA   Víbora.

ZOILO   Pero me conformo con la bicicleta, como ve bien poca cosa en comparación con todo lo que me debe.

PERPETUA   ¿Qué es lo que te debo yo a ti, estiércol? ¿Eh? Dime, pécora, ¿qué te debo?

ZOILO   Yo me llevo la bicicleta y tenga por seguro que no vuelve a saber de mí.

PERPETUA   Pero ¿de qué demontres de bicicleta me estás hablando?

PACÍFICO   Si la tienes colgada en la cochera…

PERPETUA   ¡Pacífico!

             (Entra PLACIDO. En esta ocasión no va exactamente vestido de mujer pero tampoco de hombre. Lleva una indumentaria decididamente extravagante.)

PLÁCIDO   ¿Y este qué es lo que hace aquí?

PACÍFICO   Que se me ha escapado y quiere su bicicleta.

PLÁCIDO   Endiluego, no se te puede dejar a cargo de nada…

PACÍFICO   Y yo qué quieres que le haga…

ZOILO   Está el día húmedo.

PLÁCIDO   Perpetua, que se va a sentar.

PERPETUA   Que ni se le ocurra.

            (ZOILO *se sienta pegado a la pared, discretamente, en una silla que gañe como un perro apaleado.*)

PLÁCIDO   Perpetua, que ya se ha sentado.

PERPETUA   Ya lo sé, que ya lo he oído, que estaré ciega pero no soy sorda…

PLÁCIDO   Perpetua, que me da que este no tiene intención ninguna de marcharse.

PERPETUA   ¿Qué te crees? ¿Qué no lo sé? Invéntate algo, que sé yo, cualquier cosa, pero que se marche, que se marche de aquí ahora mismo…

PLÁCIDO   Caballero: creo que su presencia en esta casa está de más, así que si es usted tan amable y nos hace el favor de ahuecar el ala…

ZOILO	Así será. En cuanto que me devuelvan ustedes la bicicleta.
	(El amplificador empieza a sonar con un volumen infernal. Es PACÍFICO *que ha estado hurgando en el aparato y no consigue hacerlo callar por más que lo intenta.)*
PLÁCIDO	¡Apaga eso!
PACÍFICO	¡No puedo!
PLÁCIDO	¡Que lo apagues ahora mismo!
PERPETUA	*(Como una hiena.)* A la mierda con la bicicleta. ¡Fuera! ¡Fuera de mi casa! ¡Fuera o llamo a la Guardia Civil! ¡Fuera! ¡Fuera! (ZOILO, *parsimoniosamente, se levanta de la silla y apaga el aparato. Después, se vuelve a sentar.)* ¿No me has oído? Voy a llamar a la Benemérita.
ZOILO	Haga usted lo que le venga en gana, señora. Yo de aquí no me muevo hasta que no me devuelvan la bicicleta.
PERPETUA	Pacífico.
PACÍFICO	Tú dirás.
PERPETUA	Coges y en una carrera te allegas al cuartelillo y le dices a los guardias que vengan inmediatamente.

PACÍFICO   ¿Ahora?

PERPETUA   Ahora mismo.

PACÍFICO   ¿Yo solo?

PERPETUA   Sí.

PACÍFICO   ¿Con la que está cayendo?

PERPETUA   Te llevas un paraguas.

PLÁCIDO   No creo que sea una buena idea...

PERPETUA   Y tú te callas.

             (Aldabonazos en la puerta. Silencio largo.)

PACÍFICO   ¡Zasca! La de Espeja.

PLÁCIDO   ¿Y ahora qué hacemos?

             (Silencio. Más golpes.)

PERPETUA   Que entre.

PLÁCIDO   ¿Con este ahí sentado?

PERPETUA   ¿Y qué más da?

PLÁCIDO   Que como le dé por fastidiar...

PERPETUA Dile a esa que entre, que de este ya me ocupo yo.

(ZOILO, *durante el diálogo anterior, se ha levantado de la silla y ha vuelto a encender el aparato a todo volumen.*)

PACÍFICO ¡Yo no he sido! ¡A mí no me miréis que yo no he hecho nada!

PERPETUA ¡Apaga eso! ¡Apaga eso ahora mismo!

PACÍFICO ¡Y yo qué sé cómo se apaga!

PERPETUA ¡Que lo apagues! ¡Como sea! ¡Busca el interruptor! ¡Desenchúfalo!

PACÍFICO ¡Pero si no tiene enchufe!

PLÁCIDO ¿Qué hago con la de Espeja?

PERPETUA ¡Apagar eso ahora mismo!

(*Jaleo horroroso. Cada uno con su tema y su obsesión:* PERPETUA *berrea para que quiten la música, que entra por sus oídos como el veneno al padre de Hamlet,* PACÍFICO *hurga en el aparato intentando apagarlo ante la mirada inmutable de* ZOILO, *que se lía un pitillo parsimoniosamente, y* PLÁCIDO *pregunta, sin descanso, por la de Espeja.* ZOILO *apaga el aparato. Silencio. Los hermanos se miran, la Santa respira agotada. Suenan de nuevo los golpes en la puerta.*)

PLÁCIDO   ¿Qué hago, Mari?

PERPETUA   ¡Abre! (*Nuevo gesto de* ZOILO *y la música atro-nando por el altavoz. Gestos de horror e impo-tencia de* PERPETUA. ZOILO *detiene de nuevo el aparato.*) Está bien. Que se marche. Dile que me he indispuesto y que venga en otro momento. Y como me vuelvas a decir Mari te arranco los ojos.

PLÁCIDO   Lo que tú digas, hermosa.

PERPETUA   Me cago en tu puta madre.

            (*Sale* PLÁCIDO.)

PACÍFICO   ¡Jo, Perpetua, qué boca!

PERPETUA   Pacífico, déjanos solos.

PACÍFICO   Es que me lo estoy pasando teta aquí.

PERPETUA   (*Dejando campar a sus anchas a su lado terri-ble, repite.*) ¿No me has oído, retrasado de los cojones? ¡Que te marches!

PACÍFICO   Pero…

PERPETUA   (*Como una hiena.*)¡Fuera! (*Sale* PACÍFICO. *Pausa hasta que dejan de escucharse las pisadas por el corredor. Cuando está segura de que nadie los escucha,* PERPETUA *se incorpora y clava sus ojos en blanco en* Zoilo, *que, inmutable, se lía otro cigarrillo que coloca, alineado junto al anterior, en el suelo. En un susurro, que no la escuchen sus hermanos.)* Muy bien, pedazo de hijo de mala madre. No pienso darte esa bicicleta ni en mil años que vivas, ¿me escuchas? ¿Qué quieres, abonar la dehesa tú también? Pues sigue, sigue provocando y haciendo méritos, que eres carne de muladar, que te la estás buscando. Desaparece de esta casa si no quieres que te desaparezca yo del mapa, que ya sabes que bien puedo.

Zoilo   Devuélvame la bicicleta.

Perpetua   Pero ¿tú qué te has creído, cochambre? Encima, encima de que los hemos perdonado, vienen aquí a molestar y a remover la mierda. Si quieres la bicicleta, te la vas a tener que llevar por las bravas, muerto de hambre, gañán, palurdo…

Zoilo   Devuélvame lo que es mío y santas pascuas.

Perpetua   Sabrás tú lo que es santo ni lo que son pascuas, descreído. Fuera de esta casa si no quieres que llame a la autoridad y se repita la historia. Que no os teníamos que haber dejado ni a uno, semilla de bandolero, que lleváis el mal en la sangre.

Zoilo   Señora, yo no la he faltado.

PERPETUA   ¿Qué no me has faltado? Con tu presencia me faltas. Solo por el hecho de respirar ya me estás ofendiendo.

ZOILO   Lo que usted quiera, pero devuélvame la bicicleta.

PERPETUA   Tendrás que matarme antes, criminal.

ZOILO   Hoy a todo vengo dispuesto. Pero no será necesario, señora, no recele.

PERPETUA   Vas listo.

ZOILO   Estoy cansado de tanto silencio. O me devuelve la bicicleta o publico con pelos y señales lo sucedido.

PERPETUA   Inténtalo, perverso.

ZOILO   Lo dicho, señora. Usted verá.

PERPETUA   Me importa un pito.

ZOILO   Como ventile lo que usted sabe, se le va la santidad al traste, téngalo por seguro.

PERPETUA   No habrá quien te crea.

ZOILO   Lo veremos.

PERPETUA   ¡Chist! (*Escucha como un lebrel.*) ¿Cuántas veces tendré que repetir que no quiero que escuchéis detrás de las puertas? No hay quien haga carrera de vosotros.

(*Entra* PLÁCIDO *disimulando.*)

PLÁCIDO   Se ha llevado un disgusto… la pobre se ve que anda desamparada y que no sabe ni qué hacerse. Que volverá la semana que viene, dice. (*Se sienta en otra silla pegadito a la pared.* PERPETUA *masculla un santiguado, llena de inquina.*) ¿Decías algo? (PERPETUA *canta por no matar.*) Pues si no dices nada, a esperar y a echar el día.

(PACÍFICO *asoma la nariz por un lateral mientras se come unos tomates con sal.*)

PACÍFICO   ¿Se puede ya? (*Silencio.* PERPETUA *sigue cantando, como una letanía.*) Pues será que sí que se puede. (*Entra y también se sienta, pegado a la pared.*) Estoy por irme a hacer un cafelito… (*Silencio.*) Con bollo maimón para mojar, que nos lo ha traído una que le encontraste novio. (*Silencio.*)¿Nadie gusta? (*Silencio.*) Que el café está muy rico, que es del de el otro lado de la raya, del que trae el camellito pintado… (*Silencio.*) ¿No? (*Silencio.*) Pues me marcho a la calle, a ver si han abierto el colmado y me compro un helado.

PLÁCIDO   Ni hablar.

PACÍFICO   Claro que sí.

PLÁCIDO   Pero si te estás comiendo los tomates…

PACÍFICO   ¿Y qué? Me apetece un bombón helado, de
                 postre.

PLÁCIDO   ¿De nata?

PACÍFICO   De nata.

PLÁCIDO   Pues te aguantas, que no hace ni diez minu-
                 tos que has comido carne.

PACÍFICO   Ya estamos.

PLÁCIDO   Si tienes antojo de helado te haces un polo de
                 gaseosa.

PACÍFICO   No me da la gana.

PERPETUA   Ya está bien de tanta tontería, hijo, que estás
                 hoy de un rebelde…

PACÍFICO   Quiero un bombón helado de nata.

PERPETUA   Pues te resignas, que sabes que hasta que no
                 pasen dos horas y hayas hecho la digestión no
                 puedes tomar leche. Solo faltaba que encima
                 te pusieras malo…

PLÁCIDO   Como si no tuviéramos bastante con tus cues-
                 cos, con perdón.

PACÍFICO   Me tenéis de un harto…

PLÁCIDO   Pues ya sabes dónde tienes la puerta.

PACÍFICO   ¡Pero si nunca me dejas ni acercarme!

PERPETUA   Eso ni en broma. Las familias han de estar uni-
             das hasta que llegue la parca…
ZOILO   Palabras.

PERPETUA   Lo mismo me da lo que tú pienses.

ZOILO   Con el ejemplo se predica.

PERPETUA   A mí tú no me das lecciones.

ZOILO   Yo también tengo familia.

PERPETUA   Bajo tierra.

ZOILO   Pero familia.

PERPETUA   Estiercol y huesos mondos.

ZOILO   No, señora. Un nombre, una cara, una sonri-
             sa y todo el amor de sus padres y de su her-
             mana.

PERPETUA   Pues hala, ya sabes lo que te toca, que la fa-
             milia ha de estar unida.

ZOILO   Y solo dieciséis años.

PERPETUA   Cállate, que hay ropa tendida.

PACÍFICO   ¿De qué hablan?

PLÁCIDO   Cosas de la santa…

PACÍFICO   Si ya lo decía yo, que esto es un mundo de divertido… (*Silencio.* ZOILO *se lía otro cigarrillo que coloca al lado de los anteriores.* PACÍFICO *le tiende un tomate y el salero a su hermano.*) ¿Quieres?

PLÁCIDO   Bueno…

PACÍFICO   Toma.

PLÁCIDO   (*Hincándole el diente al tomate.*) Hay que ver lo ricos que están estos tomates.

PACÍFICO   ¿Gusta usted?

ZOILO   No, gracias.

PERPETUA   Solo faltaba.

PACÍFICO   ¿Sabe? Hemos plantado un huerto en las tierras de la dehesa.

PERPETUA   Cállate.

PACÍFICO   Salen unos tomates sabrosísimos. Es una tierra tan buena que parece que haya un santo enterrado en ella.

PERPETUA   ¿Te quieres callar?

ZOILO   Y lo hay.

PACÍFICO   ¿Hay un santo enterrado?

PERPETUA   No callarás, cacareador.

PACÍFICO   No te enfades, anda, no te enfades y bendíceme estos anisitos.

PERPETUA   Ay, Creador, ay qué sola me tienes, rodeada de tanto idiota…

PLÁCIDO   Hombre, muchas gracias por lo que me toca…

PACÍFICO   Bendíceme los anisitos, anda, no seas, arisca…

PERPETUA   (*Canta.*)
Se vive como se sueña solo, solo
  Se vive como se muere, sola…

PACÍFICO   Pues me los tendré que tomar sin bendecir, qué le vamos a hacer.

PLÁCIDO   ¿Y ahora vas a comer anisitos?

PACÍFICO   Como no me dejáis salir a comprarme el bombón helado…

PLÁCIDO   A ver si vas a tener una solitaria…

PERPETUA   Qué soledad más enorme. De qué me sirve ser santa, ¿de qué? Si ni siquiera mi propia sangre me es obediente…

PLÁCIDO   Perpetua, no seas así.

PERPETUA   Caínes.

PLÁCIDO   Perpetua, estás sacando las cosas de quicio. ¿Qué quieres que hagamos nosotros?

PERPETUA   Ir al cuartelillo a por los guardias, eso es lo que quiero.

PLÁCIDO   Ten un poco de cabeza, mujer.

PERPETUA   Como si a ti te sobrara…

PLÁCIDO   Considera el escándalo que se puede montar como a este le dé otra vez por tocar la bocina.

PERPETUA   Pues que se monte.

PLÁCIDO   Un poco de cordura, Perpetua, hija, que pareces otra.

PACÍFICO   (*A* ZOILO.) ¿Me das un pitillo?

PERPETUA   ¡Pacífico!

PACÍFICO   Para luego…

PLÁCIDO   Pacífico, desde luego, que parece mentira, que pareces más tonto de lo que eres.

PACÍFICO   Hijas…

PERPETUA   (*Babeando y dando bandazos de cólera.*) ¡Al cuar-
            telillo! ¡Que vengan los guardias y se lo lleven
            preso! O mejor ¡llamar a los de la camisa, que
            lo rematen en la cuneta y lo entierren en la de-
            hesa! ¡A la tierra con la sierpe! ¡Dadle café a
            ese hijo de perra!

PACÍFICO   Ya le he ofrecido, del camellito, pero no quie-
            re...

PERPETUA   Dadle café y que no vuelva, que nadie vuelve
            a pedir bicicletas si tiene la cabeza llena de
            vainas de metal.

PLÁCIDO   Ayúdame a sujetarla, que le está dando otro
            telele...

PERPETUA   ...Discurso en la sociedad de naciones del se-
            ñor Osorio... Perborol fortifica las encías...
            España denuncia ante el gobierno inglés las
            infracciones de Italia y Alemania... Francisco
            Franco Bahamonde jefe del nuevo estado es-
            pañol...

PACÍFICO   ¿Qué dice?

PLÁCIDO   Y yo qué sé. Sujétale las manos, que se araña
            toda la cara.

PERPETUA   Cortada la línea férrea Madrid Córdoba... Bom-
            bardeo de Santa Cruz de Retamar... Delicio-
            so dulce de membrillo Saimaza a peseta el
            kilo... Depurativo Richelet... Los fabricantes

de embutidos de Mallorca hacen entrega al general Queipo de Llano de mil kilos de sobreasada para el ejército... Homenaje nacional al ilustre poeta don José María Pemán... La Comunión Tradicionalista organiza un solemne Vía Crucis para desagraviar al Divino Corazón de los ultrajes que se le hacen...[4]. Últimas exhibiciones de la deliciosa comedia de producción Radio temporada 1937 «La mentira de la gloria» con Jean Parker y Fred Stone en el Coliseo España...

PACÍFICO   Pero ¿de qué habla?

PLÁCIDO   Parece que se ha ido a otro tiempo.

PACÍFICO   ¡Releche!

ZOILO   La conciencia le remuerde.

PERPETUA   ¡España sobre todas las naciones!... ¡Una patria, un estado, un caudillo!... ¡Arriba España!

PACÍFICO   No la sabía yo tan fanática a la Santa.

PLÁCIDO   ¡Sujeta, sujeta que se nos vierte por este lado! ¡Me cago en mi sombra!

PERPETUA   Lea usted todos los días ABC... Regresaron de su viaje de novios por tierras portuguesas el

---

[4] Noticias extraídas de ABC edición Sevilla 17 de febrero de 1937.

jefe del Gabinete Civil de esta División Orgánica don Carlos Jaime Padrós y Quintana y su encantadora esposa Carmencita de Urrutia, hija de los condes de Biandrina... Una reliquia de Santa Teresa, rescatada en Málaga, es entregada al Generalísimo... La mano de la Santa quedó depositada sobre la mesa de trabajo del jefe del Estado...[5].

PACÍFICO   Fíjate tú de lo que se entera uno...

PLÁCIDO   Ya se ablanda... parece que va cediendo...

PERPETUA   ...Últimas exhibiciones del programa «Mickey bombero», maravilla en colores...

PACÍFICO   ¡Quién lo pillara!

PERPETUA   ¿Es posible que un hombre esté al mismo tiempo con el padre del sobrino de su hermanastro, con el marido de la suegra de su padre, y con el suegro de su madrastra, encontrándose, sin embargo, completamente solo?

PACÍFICO   ¡Zasca! Se demenció.

PLÁCIDO   Son los últimos coletazos, ya vuelve en sí.

PACÍFICO   Cada vez más consumida.

---

[5] ABC edición Sevilla 18 de febrero 1937.

PLÁCIDO   Quiera dios que en una de estas no se nos quede.

ZOILO   Pierdan cuidado que eso no sucederá.

PLÁCIDO   ¿Usted también ve el futuro?

ZOILO   Qué más quisiera.

PACÍFICO   Lo dirá porque está amojamada e incorrupta.

PLÁCIDO   No disparates.

PACÍFICO   Los incorruptos manifiestan el favor divino y son prenda del favor del Creador, ¿es que no lo sabes?

PLÁCIDO   Déjate de cháchara y ayúdame a echarla otra vez en la cama. Y usted, ya podía ser un poco caballero y auxiliarnos un mínimo.

ZOILO   Cuando me devuelvan la bicicleta.

PLÁCIDO   Qué tostón.

PERPETUA   El cielo es mi trono y la tierra el estrado de mis pies…

PLÁCIDO   Vamos a llevarla dentro, que se quede en penumbra un rato, a ver si se duerme, que la percibo muy rara.

PERPETUA   Sin memoria no hay mañana, sin memoria no hay avenir…

PLÁCIDO   Carga y empuja, hijo, que no le dé el sol, a ver si revive con la umbría.

PACÍFICO   ¿Y si le damos unos sorbitos de vino dulce?

PLÁCIDO   Pudiera ser, pudiera ser… Recoge los pulgares de los santos Niños de Alcalá, a ver si los vamos a pisar.

PACÍFICO   Mira: se ha roto la ampollita con la sangre del padre Charbel.

PLÁCIDO   Menudo disgusto que se va a llevar Perpetua cuando vuelva en sí.

PACÍFICO   ¡Si es que las ha roto todas!

PLÁCIDO   La manía de echárselas por encima a la menor ocasión…

(*Meten a* PERPETUA, *exangüe, tras las cortinas.* ZOILO *queda solo en escena. Mira a un lado y a otro, y cuando se cerciora de que no lo ve nadie, se dirige parsimoniosamente hacia un rincón, junto a la ventana. Con la ayuda de una navaja extrae un ladrillo de la pared y de allí una caja de latón. En su interior, fotografías, papeles y ropita de bebé que, con emoción y reverencia, saca y esconde bajo el abrigo. Después, vuelve a colocar la caja en su sitio y a recolocar el ladrillo. Regresa* PACÍFICO *y en una carrerita sigilosa se dirige hacia* ZOILO, *hablándole muy, muy bajito y con gran urgencia...)*

PACÍFICO   Rápido, ¿usted qué cree que es mi hermana?

ZOILO   ¿Cómo?

PACÍFICO   Que qué cree usted que es mi hermana. Se lo pregunto porque no tengo muchas oportunidades de hablar con nadie de fuera. ¿Qué cree que es?

ZOILO   No sé...

PACÍFICO   Haga un esfuerzo, hombre, que va a volver Plácido y se me acabó el hablar, que me tienen muy controlado, que ni un mal transistor me dejan tener. Dicen que es para que a la Santa no le haga interferencias, pero yo sé que es para que no me entere de las cosas que pasan en el mundo... Hágame el favor, hombre, ¿Qué cree que es?

ZOILO   Ciega.

PACÍFICO   No, hombre, no digo eso. Yo le pregunto... si usted cree... en fin, ya me entiende...

ZOILO   Pues no.

PACÍFICO   Qué duro de entendederas. No me lo ponga más difícil que para mí es muy valioso. ¿Cree usted que la Santa es... hembra?

ZOILO   Eso parece.

PACÍFICO   Mi madre siempre nos quiso mujeres. Decía que las mujeres mantenían la familia y las tradiciones, que los hombres necesitaban a las mujeres porque eran las únicas que estaban en contacto con Dios. Así que siempre nos trató como a tales y ya ve usted el panorama. Qué tres estafermos que hemos quedado hechos. Plácido se quedó a medio camino y yo, como soy tonto, nací desbaratado, aunque meo sentado y duermo en camisón, no se vaya usted a creer. Pero ¿y Perpetua?

ZOILO   Perpetua, ¿qué?

PACÍFICO   Siempre ha sido la más inteligente ¿A usted no se le hace un poco hombruna?

ZOILO   No me fijo en esas cosas...

PACÍFICO   No, si a usted, en cuanto se le saca del ciclismo, no está para nada. Pues fíjese, hombre, fíjese usted y ya me dice, que esa duda me lleva reconcomiendo desde que tengo uso de razón. Hágame ese favor y yo veré de hacer algo por su bicicleta.

(*Entra* PLÁCIDO.)

PLÁCIDO   ¿Todavía está usted aquí? ¿No tiene bastante con la que ha provocado?

ZOILO   No.

PLÁCIDO   Ya está bien. No le digo que se vaya, pero ahí tiene la puerta. Fuera de esta casa ahora mismo.

PACÍFICO   Eso le estaba diciendo yo.

ZOILO   Me iré cuando me devuelvan la bicicleta.

PLÁCIDO   Qué obsesión tiene este hombre con la puñetera bicicleta. Dígame usted para qué quiere ese trasto roñoso que ya no debe ni funcionar.

ZOILO   Porque es mía.

PLÁCIDO   Pues si es suya explíqueme que hace ese velocípedo colgado de la cochera de esta casa desde que yo tengo memoria.

ZOILO   Su hermana lo robó.

PLÁCIDO   Qué mentira más colosal. Pero si usted no había nacido y ya estaba la bicicleta ahí colgada. ¿No se le cae la cara de vergüenza con tanto embuste? Además, ¿cómo va una pobre inválida ciega a hacer tal cosa?

ZOILO   Y, dígame usted, ¿para qué quiere una pobre
             inválida ciega una bicicleta?

PACÍFICO   Eso mismo he preguntado yo.

PLÁCIDO   Y yo qué voy a saber.

PACÍFICO   Los santos son muy suyos, hacen cosas que
             los demás no comprendemos...

PLÁCIDO   Le servirá para vislumbrar cosas, como si fue-
             ra una bola de cristal...

ZOILO   O es que quizá antes no era tal.

PACÍFICO   La santa nació así.

PLÁCIDO   Perpetua siempre ha estado impedida.

ZOILO   Pregúntele.

PLÁCIDO   ¿El qué?

ZOILO   Todo y por todo.

PLÁCIDO   No me hace falta. Mi hermana es una santa.

ZOILO   Pues razón de más. Pregúntele, que si en ver-
             dad es santa no le va a mentir.

PLÁCIDO   Esta situación ya me está empezando a cansar.

ZOILO   Ya somos dos.

PLÁCIDO   Voy a avisar a los civiles.

ZOILO   Mejor. Tengo mucho que contarles.

PLÁCIDO   ¿De qué?

ZOILO   De esta casa.

PLÁCIDO   A mí no me venga usted con amenazas y baladronadas. Se mete aquí por las bravas, vuelve medio vesánica a mi hermana, nos atruena con su música y encima me viene usted amenazando.

ZOILO   No es una amenaza, es la verdad, que ya es hora.

PLÁCIDO   Márchese, por favor se lo pido. Si quiere un estipendio…

ZOILO   No quiero dinero. Quiero mi bicicleta.

PLÁCIDO   ¿Es que no entiende que no puedo? Yo no la quiero para nada, yo lo único que quiero es tranquilidad, si yo por mí se la daría…

PACÍFICO   Pues dásela.

PLÁCIDO   ¿No comprende que no puede ser? No le puedo dar ese disgusto a mi hermana. Si se despierta y ve que no está la bicicleta se nos fenece. La tiene mucho apego.

ZOILO   Pero no es suya.

PLÁCIDO   Porque usted lo dice…

ZOILO   Es la verdad.

PLÁCIDO   Pues demuéstrelo.

PACÍFICO   Pone su nombre en la barra con pintura verde.

PLÁCIDO   Tú te callas, que no haces más que meter la pata.

ZOILO   No era mi nombre.

PLÁCIDO   ¿Lo ves?

ZOILO   Pero ahora sí es mi nombre y la bicicleta, por tanto, me pertenece.

PLÁCIDO   Pues vaya galimatías. No me creo nada, así que a la calle, que ya ha dejado de llover.

ZOILO   En cuanto me dé la bicicleta.

PLÁCIDO   Mira que puede llegar usted a ser plomo. A la calle, hombre, a la calle…

ZOILO   No.

PLÁCIDO   No me obligue a usar la fuerza.

ZOILO   Haga lo que estime.

PLÁCIDO   No me provoque, que aquí donde usted me
             ve, transporto las bombonas de butano de
             dos en dos.

PACÍFICO   Pero lo que no cuenta es que luego se queda
             baldado una semana y no se puede poner tie-
             so ni a base de friegas.

PLÁCIDO   Te voy a retorcer el alma.

ZOILO   No me pienso ir sin mi bicicleta. Y ya está todo
             dicho.

             (*Desde la alcoba llega una especie de lamento,
             un silbido agónico. Luego un canturreo, más sil-
             bidos, claramente una canción.*

PERPETUA   (*Canta dentro.*)
                  A la mar se van los ríos
                  paloma revoladora,
                  no pongas el pie delante,
                  deja que ruede la bola
                  y al aire…

PACÍFICO   ¡Zasca! La Santa.

             (*Los dos hermanos salen corriendo al encuentro
             con la Santa. Oímos sus voces desde dentro de
             la alcoba, mientras* ZOILO, *estremecido, parece
             reconocer el canto.*)

PLÁCIDO   ¡Nena, nenita! ¿Estás bien?

PACÍFICO   Yo la veo muy pálida, hijo, tiene color como de camelia muerta.

PLÁCIDO   Ayúdame, vamos a sacarla a que le dé el aire.

PACÍFICO   ¿Qué canta? ¿Tú sabes qué es lo que canta? (*Sacan al carcamal y lo colocan junto a la ventana.*) ¿Abro?

PLÁCIDO   No, que está el día muy húmedo, a ver si va a ser peor el remedio que la enfermedad.

PERPETUA   Ahhh...

PLÁCIDO   Intenta decirnos algo...

PACÍFICO   Yo creo que bosteza.

PLÁCIDO   No, que no, que está intentando decir algo...

PERPETUA   (*Con gran esfuerzo y una voz distinta, más propia de un chaval de pocos años que de una anciana decrépita.*) Hay encinas viejas, tan viejas que dicen algunos que vieron pasar a Wellington...

PACÍFICO   Pero ¿qué dice?

PLÁCIDO   Calla, escucha y reza, que está viendo cosas... está en pleno arrebato de santidad.

PERPETUA   ...en este claro siempre aparece algún resto de teja, de la antigua ermita, ya se sabe. Fresnos, carrascas, robles y pinos. Huele a gloria. Los árboles se ven negros a estas horas de la noche y la noria, a lo lejos, tiene un no sé qué fantasmagórico. A lo mejor es porque me estoy muriendo, a lo mejor es porque todo tiene resabios fantasmales en la hora de la agonía. A pesar de tener la mejilla en el suelo, acierto a ver la vía del tren por el rabillo del ojo. Es una pena, pero ahora sí sé que nunca iré a Portugal. Qué lástima, teniéndolo tan cerca...

PACÍFICO   No entiendo nada. ¿Qué es lo que nos quiere decir?

PLÁCIDO   Y yo qué coño sé.

PACÍFICO   Esa boca.

PERPETUA   ...si fuera de día vería a las cigüeñas beber del agua de la charca, pero ahora están durmiendo. ¿Qué será de Canela? ¿La habrán matado? La mejilla sobre el pasto, húmedo, verde esmeralda, crujiente y suculento, el olor de la tierra mojada y ya no siento nada. Ni el dolor del brazo roto, ni los impactos. No hay dolor ni miedo, solo una pena tan honda que quita el aliento... Qué triste es morirse en el borde del camino, qué triste es morirse solo, que triste es morirse con dieciséis años...

PACÍFICO   Pero ¿qué dice?

PLÁCIDO   Calla y reza, nene, reza.

PERPETUA (*En otro mundo, hablando por otra persona, como una médium.*) La luna, escondida, hace relucir las estrellas. Los primeros en subir al camión son los más jóvenes que desde arriba, ayudan a los mayores. Hay una mujer a la que le cuesta trabajo, sufre de las rodillas. Un sacerdote confiesa al que lo pide. Sabe la suerte que les espera. Hay alguno que pasa el camino rezando. La soledad del campo presiente a la muerte. Chilla un búho. Al cruzar el puente, topan conmigo. Regreso a casa pedaleando en mi bicicleta, Canela siempre a la zaga. En los ojos de los hombres de la camisa se enciende una brasa de odio. La mujer se escapó, pero el hermano no se libra. «No tiene denuncia» arguye uno. «¿Y qué más dá?» Ruje el 460, la colilla siempre en la comisura. «Pagará los platos rotos. Si la una leía en alto, el zagal algo escucharía, digo yo ¿o es que se tapaba las orejas cuando la hermana entonaba las aleluyas proletarias?» Bien está, dicen los otros, el ceño lleno de odio y rencores. Malos quereres. Una denuncia anónima y moriré porque decían que mi hermana leía de lo prohibido. Y leer es malo. Me suben al camión. La galga corre detrás. Al llegar a la linde de la dehesa nos bajan a culatazos. Una ceja rota y un reguero de sangre. Me tapo la cara con los brazos y el 460 me golpea con saña, Se ve que me tiene ganas y no sé por qué. Nunca le vi en mi vida. Es de otro lugar. Dicen que miró a mi hermana con ansia en los ojos. Dicen que bajo la pretina se le encendieron fuegos de artificio cuando la vio pasar. Dicen que mi hermana se rio de él una vez. Suena a hueso roto y yo, que no comprendo nada, me duelo del brazo derecho con lágrimas en los ojos. Canela ataca y los hombres echan mano a las pistolas. Canela muerde con saña al 460 en el hombro, en las manos, en la cara. Los otros no se atreven a disparar por temor a herir a su compañero y Canela, ciega, no está dispuesta a soltar la presa. A patadas consiguen separarla y queda en mitad del camino, un hilillo de sangre saliendo del hocico. Alguno quiere rematarla de un tiro en la cabeza, pero otro, más caritativo con los animales que con las personas, se lo impide. A empujones nos dirigen por el camino. La botella del aguardiente pasa de mano en mano y mancha las camisas de dril azul de los hombres. Entre ellos hay un chaval de mis mismos años que llora y se tapa la cabeza. Le obligan a beber. Hace falta valor para dar la muerte a sangre fría y el aguardiente ayuda. Pero el 460 no necesita nada de eso. Le basta y le sobra con su saña. Pinos azules, negras encinas, rastrojos y silencio de muerte. Los hombres de la camisa cuchichean y entre ellos se lanzan contraseñas secretas con los ojos repletos de odio. Retroceden un paso y en la oscura noche resuena un estruendo de metal y gatillos. Una descarga. Silencio. Luego algún quejido y el sonido machacón y sordo del tiro de gracia: uno, dos, tres… así hasta nueve. Después se marchan a la taberna, los bajos del pantalón manchados de sangre, a celebrar. Se llevan en el camión una bicicleta en la que pone «Zoilo» escrito con pintura verde, como trofeo. Dejan tras sí nueve muertos y a cuatro hombres obligados a cavar. Canela se arrastra como puede. Llega a tiempo para ver cómo me echan cal y tierra encima. Cuando los enterradores se han ido solo queda un charco de sangre, tierra removida y una galga triste que escarba sin fuerzas y se deja morir entre los matojos de la dehesa.

(*Gran suspiro. Silencio. Los dos hermanos se han agarrado de la mano y han quedado sobrecogidos. La Santa queda en silencio, quieta, como muerta…* ZOILO *se ha levantado, arrasado en lágrimas, se seca la cara a manotazos, y se acerca a la Santa con cuidado.*)

PACÍFICO   ¿Se ha muerto?

PLÁCIDO   No lo sé.

PACÍFICO   ¿Y ahora qué hacemos?

PLÁCIDO   No lo sé.

PACÍFICO   No sabes nada.

PLÁCIDO   No.

PACÍFICO   Pues yo menos, que soy tonto.

PLÁCIDO   Ponle un espejo en la boca, anda.

LAILA RIPOLL

PACÍFICO   ¿Para qué?

PLÁCIDO   Para ver si respira.

PACÍFICO   No, que me da miedo.

ZOILO   Devuélvame la bicicleta.

PLÁCIDO   ¿Será posible?

ZOILO   Devuélvame la bicicleta.

PLÁCIDO   Un poco de respeto, por caridad. No tiene usted piedad ni para con los difuntos.

ZOILO   No está muerta.

PACÍFICO   ¿No?

ZOILO   No, no está muerta.

PLÁCIDO   ¿Y usted cómo lo sabe?

ZOILO   Lo sé.

PLÁCIDO   Pues ya que sabe tanto, dígame qué es lo que
le pasa.

ZOILO   La conciencia.

PLÁCIDO   Cuentos.

ZOILO   Le pesa y le remuerde.

PLÁCIDO   Pamplinas.

PACÍFICO   ¿Y nosotros qué hacemos?

ZOILO   Esperar.

PACÍFICO   ¿A qué?

ZOILO   A que vuelva a ser ella.

PLÁCIDO   Embustes.

PACÍFICO   ¿A ser quién?

ZOILO   La Santa.

PACÍFICO   ¿Y entonces esta señora quién es?

ZOILO   Alguien a quien asesinaron hace muchos años.

PLÁCIDO   Paparruchas.

PACÍFICO   ¿El santo de los tomates? ¿El que está ente-
               rrado en la dehesa?

PLÁCIDO   Patrañas.

PACÍFICO   Desde luego, hijo, a veces parece que tengas
               una mata de pelo negro en el corazón.

ZOILO   (*Coloca el espejillo de la pitillera en la boca de
               la santa.*) ¿Ven? Respira.

PLÁCIDO Loado sea el Dador.

PACÍFICO Esto es un misterio muy grande. ¿Cómo la Santa, que lo ve todo, en lo tocante a este hombre no ve más allá de sus narices?

PLÁCIDO Tú lo has dicho, un misterio muy grande.

ZOILO La conciencia es como la propia muerte, no se la ve venir…

PLÁCIDO Y dale con la conciencia, si mi hermana la tiene como una patena.

ZOILO …aparece prontamente, de improviso. No se escapan a la sorpresa de su encuentro ni las santas ni las visionarias.

PLÁCIDO Bueno, ya está bien de majaderías. Me voy a la plaza a buscar al médico y, cuando regrese, no quiero encontrar a este señor aquí. ¿Está claro?

PACÍFICO ¿Y yo qué quieres que le haga? ¿Echarlo a escobazos? Quédate tú y yo salgo a buscar al médico.

PLÁCIDO Tú te callas y obedeces. Y usted, póngase el abrigo y a la calle, que yo veré de hablarle a mi hermana de la bicicleta, si es que vuelve en sí.

ZOILO ¿No quieren saber la verdad?

PLÁCIDO   No.

PACÍFICO   Pues yo sí.

PLÁCIDO   Tú eres un cándido.

PACÍFICO   Quiero saber la verdad.

PLÁCIDO   La verdad, la verdad… siempre a cuestas con
               la verdad. ¿Qué verdad? ¿La verdad de él o la
               verdad de la santa? Hay tantas verdades como
               personas que te la cuentan.

ZOILO   La verdad no es más que una.

PACÍFICO   Eso.

PLÁCIDO   Ta, ta, ta, ta… ya me conozco ese cantar. No
               quiero saber nada, no quiero que me cuenten
               nada. Todo está bien como está. Así ha sido
               siempre, y así va a seguir siendo.

PACÍFICO   Yo quiero saber la verdad.

PLÁCIDO   Cállate.

PACÍFICO   Quiero saber la verdad.

PLÁCIDO   ¿Qué verdad ni qué ocho cuartos?

ZOILO   Estaba obsesionada con mi padre, no podía
               vivir con esa quemazón…

PLÁCIDO   ¡Chitón! No todas las verdades son para dichas.

ZOILO   Tejía primores para los futuros hijos y, mientras, mandaba notas, cartas de amor, amenazas… y cumplió. Los huesos en la dehesa son testigos de que cumplió.

PLÁCIDO   Basta de monsergas. A otro perro con esos huesos y con esas historias de los tiempos del rey Carolo.

PACÍFICO   Quiero saber la verdad.

ZOILO   Mis padres ya estaban de novios y pensó que eliminando a mi madre, mi padre se fijaría, por fin, en ella.

PLÁCIDO   (*Tapándose los oídos para no escuchar y a voz en cuello.*) Parlotea, Matías, que no voy a escucharte ni hoy, ni en cien días, chacharea besugo, que no por ello te daré el mendrugo…

    (PACÍFICO *le separa las manos, lo obliga a que escuche, los dos hermanos se enzarzan.*)

PACÍFICO   ¡Quiero saber la verdad!

ZOILO   Pero le salió el tiro por la culata. Un alma buena avisó a mi madre y mi tío el chico pagó los platos rotos…

PLÁCIDO   Bulos, bulos y bulos…

ZOILO	Mal le salió el negocio con mi padre, pero bien para sus caudales, que se quedó con esta casa, con las tierras, con la bicicleta y con un molino que era de mi abuelo…
PLÁCIDO	Anda, prenda, pídenos ahora cuentas del cerco de Numancia…
PACÍFICO	¡Cállate y escucha la verdad!
ZOILO	Durante años hemos visto como la bicicleta se llenaba de polvo y orín. Durante años hemos sentido el cadáver de mi tío descomponiéndose abandonado en mitad de la nada.
PLÁCIDO	Ta, ta, ta, ta, ta…
ZOILO	Le prometí a mi madre recuperar la bicicleta, ya que sabíamos que nunca nos dejarían recuperar el cuerpo, y a eso he venido.
PERPETUA	¡Basta, basta ya! ¡Irse, irse todo el mundo de esta sala! ¡Irse si hay un poco de respeto, un poco de compasión!
PLÁCIDO	¿De verdad quieres que nos marchemos?
PERPETUA	Irse si queda algo de piedad…
PLÁCIDO	Perpetua, que este no se va a marchar.
PERPETUA	Irse a rezar por mis pecados…

PACÍFICO   ¿Nos vamos?

PERPETUA   ¡Irse los dos! ¡Irse, irse si hay un poco de mi-
            sericordia, ya que no afecto, en vuestros co-
            razones!…

PLÁCIDO   Hala, pues vámonos…

PACÍFICO   ¿Usted se viene?

            (ZOILO, *petrificado y sin quitar ojo a la Santa,
            no se mueve.*)

PERPETUA   Irse, irse, irse… si me queréis, irse.

PLÁCIDO   Ya ves que no, hala, hijo, arreando…

            (*Salen los dos hermanos del bracete por el pa-
            sillo.*)

PERPETUA   ¡Zoilo!

ZOILO   Aquí estoy.

PERPETUA   ¿Qué hay dentro de la caja?

ZOILO   ¿Lo ha visto?

PERPETUA   En sueños. Sabía que tu madre la escondió
            antes de que la echara de esta casa y pasé
            años buscándola, pero nunca di con ella.
            ¿Qué hay?

ZOILO   Cosas mías.

PERPETUA   Y, por lo que sospecho, mías también.

ZOILO   Alguna hay.

PERPETUA   ¿Y las vas a publicar?

ZOILO   Solo si usted me obliga.

PERPETUA   Será tú palabra contra la mía. Tú eres un fo-
               rastero, yo una santa, una gloria nacional. ¿A
               quién crees que van a creer?

ZOILO   No es cuestión de fe, es cuestión de pruebas.

PERPETUA   ¿Cuáles?

ZOILO   Tengo los títulos de propiedad de la casa. To-
               dos los papeles que prueban que esta casa era
               de mi familia y que usted nos la quitó con ma-
               las artes.

PERPETUA   Fue una recompensa. Un premio por servir a
               la patria.

ZOILO   Sí, de verdugo de inocentes.

PERPETUA   No lo puedes comprender. Eran otros tiempos…

ZOILO   Que lo juzguen otros.

PERPETUA   Los títulos no te servirán de nada. Los papeles los tengo bien arreglados y de esta casa no me puedes sacar.

ZOILO   Para nada quiero estas paredes. Solo quiero que se sepa.

PERPETUA   Con eso solo pruebas que me aproveché de las circunstancias. Como tantos otros, como todos los que algo tienen en esta ciudad. Aquí todos tenemos algo que callar.

ZOILO   También tengo las cartas de amor, y las de amenaza. Y hasta la ropita de niño.

PERPETUA   ¿La ropita también?

ZOILO   También.

PERPETUA   ¿Hasta eso guardó tu madre?

ZOILO   Por si cambiaban las tornas y llegaba el caso de publicarlo.

PERPETUA   Lagarta.

ZOILO   Prevenida.

PERPETUA   ¿Me dejas que toque las prendas?

ZOILO   Tome usted.

PERPETUA   Siempre tuve buena mano para las labores. Lástima de vista.

ZOILO   Lástima de odio, que la privó de todo.

PERPETUA   Pero me obsequió con el don de la clarividencia.

ZOILO   Manchada de sangre.

PERPETUA   No me seas ñoño. En el amor y en la guerra todo vale.

ZOILO   ¿Hasta asesinar a inocentes?

PERPETUA   Daños colaterales lo llaman ahora, ¿no lo has oído?

ZOILO   Demostró muy poca dignidad con lo que hizo, perdone usted que se lo diga.

PERPETUA   Eres un impertinente, pero tienes casta. Deberías haber sido hijo mío.

ZOILO   Dios me libró.

(*Silencio largo, incómodo.* PERPETUA *acaricia la ropita de bebé con sus dedos huesudos.*)

PERPETUA   Tengo miedo.

ZOILO   ¿A qué?

PERPETUA   A que escupan en mi memoria.

ZOILO   Eso solo de usted depende.

PERPETUA   No te creo. (*Silencio.*) ¿Me darás los títulos de propiedad?

ZOILO   Si me devuelve la bicicleta.

PERPETUA   ¿Y las cartas?

ZOILO   Si me da permiso para desenterrar el cuerpo.

PERPETUA   ¿Eso también? Eres insaciable.

ZOILO   Se lo prometí a mi madre.

PERPETUA   ¿Y qué pensará de mí la gente?

ZOILO   Nadie tiene por qué saber que de usted partían las denuncias.

PERPETUA   Los más viejos harán memoria, se acordarán del desahucio, de mi amistad con el 460 y atarán cabos.

ZOILO   Los que no se han muerto no tienen ya cabeza ni ganas de remover porquería.

PERPETUA   Alguno habrá.

ZOILO   No si usted se muestra generosa y se apunta el tanto. Ponga un monolito de recuerdo, diga unas palabras sentidas, finja que no supo nada, que ignoraba lo que sucedió, que el miedo le tapó la boca, qué sé yo. Usted sabe más que nadie de hacerse la Santa.

PERPETUA   No eres tonto.

ZOILO   Nunca lo fui, ni usted tampoco.

PERPETUA   Te asemejas a tu padre.

ZOILO   No, señora. Siempre fui el vivo retrato de mi madre.

PERPETUA   No me la nombres más. ¿Me darás los papeles?

ZOILO   Si usted cumple yo también.

PERPETUA   Llamaré a mis hermanos. Que Pacífico te acompañe a la cochera. Mientras, redactaré el documento de compromiso para abrir la zanja en la dehesa.

ZOILO   Que también avisen al notario.

PERPETUA   No se te escapa una.

ZOILO   No.

PERPETUA   Creo que hay ocho cuerpos más.

ZOILO   Eso tengo entendido.

PERPETUA   ¿Y las otras familias?

ZOILO   Algunos estaban solos y otros en nada relacionan a usted con el caso.

PERPETUA   ¿Me juras que después no volveré a saber más de ti?

ZOILO   De nada tengo más deseo.

PERPETUA   Solo otra cosa más quiero a cambio.

ZOILO   Usted dirá.

PERPETUA   Una fotografía.

ZOILO   ¿Qué fotografía?

PERPETUA   De boda. Con fondo de la Alhambra de Granada.

ZOILO   Yo no tengo esa fotografía.

PERPETUA   Con velo blanco y vestido negro con pechera de azabaches, que aun estamos de luto por mi tía Ludmila…

ZOILO   No sé qué fotografía es esa.

PERPETUA   Y el novio de uniforme. Todo sin ostentación, que estamos en guerra.

ZOILO   No sé de qué me habla.

PERPETUA   ¿Te harías esa fotografía conmigo?

ZOILO   ¿Quiere fotografiarse?

PERPETUA   Con velo blanco. Y azahares. Y tú de militar, igual que cuando tu padre marchó al frente.

ZOILO   No comprendo.

PERPETUA   Vestido así tienes que ser su vivo retrato.

ZOILO   ¿Me dejaría sacar el cuerpo a cambio de una fotografía?

PERPETUA   Sí.

ZOILO   ¿Por qué?

PERPETUA   Tengo ese gusto. Tu padre me la dejó a deber.

ZOILO   Mi padre no le dejó a usted a deber nada.

PERPETUA   Con el ajuar terminado y hasta esta ropita tejida para las criaturas que vendrían.

ZOILO   Mi padre nunca quiso nada con usted.

PERPETUA   Pero hubiera querido, hubiera querido…

ZOILO   Son imaginaciones suyas, deseo de imposibles.

PERPETUA   Si tu madre no se hubiera metido por medio, otro gallo nos habría cantado.

Zoilo   Mi padre no la podía sufrir.

Perpetua   ¡Mentira!

Zoilo   Le enfermaban esas cartas, le enfermaba ver-
            la detrás de los visillos, día tras día, asomada
            como las lechuzas a esta ventana que era nues-
            tra ventana, la ventana de nuestra casa.

Perpetua   Qué sabrás tú.

Zoilo   ¿Por eso la denunció, verdad? Denunció a mi
            madre para ver si quitándola de en medio mi
            padre se fijaba en usted.

Perpetua   La denuncié porque era mi deber. Simplemente
            conté lo que todo el mundo sabía, que tu ma-
            dre leía escritos revolucionarios.

Zoilo   Leía «Ana Karenina».

Perpetua   Hijo, yo de eso no entiendo. Era rusa y todos
            los rusos ya se sabe…

Zoilo   Qué miseria.

Perpetua   Simplemente avisé a la autoridad competen-
            te, yo qué sabía que iba a pagar el muchacho.
            Era una guerra y las guerras tienen esas cosas.

Zoilo   Y así, de paso, se quedó con la casa y las pro-
            piedades.

PERPETUA   Me debes esa fotografía.

ZOILO   Está usted mal de la cabeza.

PERPETUA   Tú verás. O me das ese gusto o nada.

ZOILO   No tengo uniforme militar.

PERPETUA   Eso es lo de menos. Si te atusas, así mismo me vales.

ZOILO   ¿Y me dará la bicicleta?

PERPETUA   Y el permiso. Y después me das los papeles, te marchas y no te vuelvo a ver.

ZOILO   ¿Me lo jura?

PERPETUA   Por lo más sagrado.

ZOILO   Sea así pues. Venga esa fotografía.

PERPETUA   ¡Plácido! ¡Pacífico! ¡Niños!

            (Los llama agitando una campanilla.)

PACÍFICO   ¿Ya? ¿Ya podemos?

PERPETUA   Fondo de la Alhambra y el traje negro, el de terciopelo. Y la sombrerera grana que está encima del armario de luna de la alcoba del damasco gris. Cuidadito al bajar la sombrerera, que el zorro disecado que está al lado no está bien colocado y se puede venir abajo. Y ya que vais, mirar de limpiar un poco, que está todo perdido de hormigas…

(PACÍFICO *saca de la alcoba de* PERPETUA *un raído traje de terciopelo negro con incrustaciones de azabache que entrega a* PERPETUA *y, a continuación, desenrolla un forillo fotográfico con un salón de la Alhambra, que cuelga del montante, mientras que* PLÁCIDO *sale.*)

PACÍFICO (*Entregándole el vestido.*) ¿Te lo vas a poner encima del hábito?

PERPETUA Sí. Y ni una pregunta más. No te quiero oír decir ni pío.

(*Entra* PLÁCIDO *con la sombrerera.*)

PLÁCIDO Aquí está esto.

PERPETUA Dámelo. Y ayuda a ese hombre a hacerse bien el nudo de la corbata. Atúsamelo un poco, que está hecho un adán.

PLÁCIDO ¿Saco alguna cosa para que se componga?

PERPETUA El quepis, sácale el quepis y que lo sostenga bajo el brazo.

(*De la alcoba de* PERPETUA, PLÁCIDO *saca un polvoriento quepis que, después de arreglarle el nudo de la corbata, entrega a* ZOILO.)

PACÍFICO   Yo cada día entiendo menos.

PERPETUA   Deprisa, que se nos va el tiempo. Y después te allegas al notario de la Muralla y le dices que venga a la carrera. ¿Me has entendido? Al de la Muralla.

PLÁCIDO   Sí, Perpetua.

PERPETUA   Pues al galope. (PLÁCIDO *sale.*) Y tú, saca los trastos de fotografiar, que ya estás tardando.

            (PACÍFICO *saca una cámara de fotos y un trí-pode.*)

ZOILO   ¿Y la bicicleta?

PERPETUA   Cuando terminemos.

ZOILO   No, ahora.

PERPETUA   Tienes mi palabra, ¿no te fías?

ZOILO   No.

PERPETUA   Ya está el notario avisado, ¿qué más quieres?

ZOILO   La bicicleta.

PACÍFICO   ¿Le vas a devolver la bicicleta?

PERPETUA   Allégate a la cochera y traes la bicicleta mientras me compongo. ¡Vuela!

(PACÍFICO *sale volando. Durante toda la con-*
versación PERPETUA *ha ido colocándose, según*
ha sacado de la sombrerera, un velo de novia
años veinte, un adorno de azahares en cera un
tanto ajado, un rosario de nácar, guantes de en-
caje, pendientes de brillantes y una cajita con
dos alianzas.) Acerca la mano que te ponga el
anillo. (ZOILO *alarga la mano que el estafermo*
ase con ansia.) En esto sí que no te pareces a
tu padre. Tienes los dedos gordos como fari-
natos y tu padre los tenía de pianista. Mucho
más finos, dónde va a parar…

ZOILO   Suélteme la mano.

PERPETUA   No me seas arisco.

ZOILO   ¡Suélteme la mano!

PERPETUA   Hijo, que maneras… ¿Qué te parecen los azahares? Los hice traer de Madrid, son de la mejor casa…

ZOILO   Acabemos ya.

PERPETUA   Si no te hubieras empeñado en que te traje-
ran la bicicleta, ya estaríamos terminando.
Pero, ayúdame, acércame a la Alhambra, que
así ganamos tiempo. (ZOILO *empuja la cama*
con resignada desgana hasta colocarla junto al
forillo que representa a la Alhambra.) Ya verás qué bien se está aquí. Ya verás cómo se
siente la brisa de Sierra Nevada, el gorjeo del

Darro y el susurro de las fuentes del Generalife…

ZOILO   Está usted loca…

(*Entra, solemne,* PACÍFICO *con la bicicleta en brazos. Es una bicicleta vieja, muy vieja, roñosa, oxidada, con la cadena fuera y con la palabra* ZOILO *escrita en la barra con pintura verde. El tiempo se espesa, de detiene, se estira, se hace un bucle…*)

PACÍFICO   ¡La bicicleta!

(*A* ZOILO *se le ilumina la cara y hace ademán de acercarse.*)

PERPETUA   ¡Ni te acerques! Primero la fotografía y luego la devoción.

PACÍFICO   Atentos, que va a salir el pajarito. (*Se componen para el retrato. Ella sentada y él de pié. La mano de él en el hombro de ella, los azahares en el regazo.* PACÍFICO *dispara el fogonazo y el tiempo se detiene en color sepia.*) Hecho.

PERPETUA   Pues bien ¡adelante! ¡Corre, corre, que no se escape!

(*Entra* PLÁCIDO *como un cohete con una pistola y encañona a* ZOILO. ZOILO *se abalanza como un poseso sobre la bicicleta y la protege con su cuerpo.*)

PLÁCIDO   Fuera de esta casa ahora mismo si no quiere que le vuele la cabeza, señor mío.

PERPETUA   ¿Qué te creías, que te ibas a llevar la bicicleta así como así? Pues vas listo. Dame los papeles.

ZOILO   No.

PERPETUA   ¡Dámelos!

ZOILO   ¡No!

PERPETUA   ¡Quítaselos, Pacífico, que los tiene en el bolsillo de dentro del abrigo!

PACÍFICO   Eso no vale. ¡Es trampa, es trampa!

PLÁCIDO   ¡Suéltelo! ¡Suelte el velocípedo!

ZOILO   No tiene palabra. No tiene vergüenza.

PERPETUA   Para algo ganamos una guerra. Ganamos una guerra para quedarnos con las bicicletas que nos diera la gana. Y si no haber ganado la guerra tú.

PACÍFICO   Eso no vale, le habías prometido la bicicleta, ni eres santa ni nada de nada.

PLÁCIDO   ¿No me ha oído? ¡Suelte esa bicicleta y salga de esta casa ya!

ZOILO   No.

(ZOILO *abraza la bicicleta con fuerza y hace ademán de querer salir por la puerta.* PLÁCIDO *se interpone.*)

PERPETUA   ¿Y qué les voy a dejar? ¿Qué escarben en la tierra para que me dejen todo como si hubiera pasado un turbión de topos? ¿Y que todo el mundo se entere de que tengo muertos en la dehesa? No, hijo, ni hablar del peluquín. Si quieren enterrar a los muertos como dios manda, que se hubieran aplicado y hubieran ganado la guerra ellos.

PLÁCIDO   Suelte la bicicleta, no me obligue a disparar.

PACÍFICO   ¡Tramposa, que eres una tramposa!

PLÁCIDO   ¡Suelte la bicicleta!

PERPETUA   ¡Los papeles!

ZOILO   Tendrá que matarme.

PERPETUA   ¡Mátalo, Plácido, mátalo y decimos a los civiles que entró a robar, que nos tuvimos que defender! ¡Mátalo, Plácido! ¡Mata! ¡Mata! (*Suena una vez más, distorsionada, la antigua canción del altavoz. Los catorce santos auxiliadores recorren la estancia y los espíritus de los asesinados que yacen en las cunetas acuden al rescate de*

Zoilo. Plácido *y* Pacífico *corren enloquecidamente espantándose los santos.* Perpetua *convulsiona, arroja espuma por la boca, se dobla en dos mientras caen al suelo los azahares de su regazo y el ajado velo de novia se rasga en pedazos.)* Guatemala... Escuadrones de la muerte... cuarenta y cinco mil cuerpos... Monte de la Orbada... Santiago Bermejo Sánchez, carpintero... veinte mil en Bosnia Herzegovina... Perú... Uruguay... Armuña... Santiago de Chile... Oviedo... Quezaltenango... Camboya... tres millones de cadáveres en cunetas... Pol Pot...

Pacífico   ¡Los santos! ¡Los catorce santos que no soportan esta injusticia!

Plácido   San Acacio contra las angustias de la muerte, santa Bárbara ampara en la muerte súbita, san Blas para la tos, santa Catalina en la boca...

Perpetua   Aceñuelas... Chad... Gregorio Aguilar López, maestro... doscientos cincuenta cuerpos de albano kosovares hallados en una fosa en Raska... niñas salvadoreñas desaparecidas...

Plácido   San Cristóbal protégeme en los viajes, san Ciriaco líbrame de la tentación a la hora de la muerte, san Dionisio me libre de la posesión diabólica...

Pacífico   ¡Aparta la pistola, Plácido, que las carga el diablo! ¡Cuidado con esa pistola!

PLÁCIDO   Los santos, que me persiguen y me arrastran de los pelos… San Erasmo para las tripas, san Eustaquio en las disputas…

PACÍFICO   ¡La pistola!

PERPETUA   Escuela Mecánica de la Armada… cinco mil desaparecidos… Consuelo Reyes Herrera, ama de casa… Estadio Nacional… Plaza de toros… Badajoz…

PLÁCIDO   San Gil para una buena confesión, santa Margarita en el parto… no me llevéis, no me llevéis…

PERPETUA   Eleuterio Cabrera García, secretario del ayuntamiento… Fosa común del cementerio de Valencia… 3000 desaparecidas… Evelia Girón Ruano, ama de casa… las muertas de Ciudad Juárez… Cientos de estudiantes desaparecidos en Indonesia… trescientos mil desaparecidos… Joaquín Rodríguez Rodríguez, pastor… cuneta… fosa… zanja…

PLÁCIDO   San Pantaleón, san Vito, san Jorge… Perpetua, no dejes que se nos lleven, que nos arrastran a la fosa…

PACÍFICO   ¡La pistola, Plácido, apártala!

PERPETUA   Ambrosio Pacheco García, agricultor… sima… Gabriel Pérez Carra, agricultor… huesos… Fujimori… Rusia… cientos de desaparecidos en México… España… trescientos mil… Zoilo Torres Cifuentes… Zoilo Torres… Zoilo…

(*Suena una detonación.* PLÁCIDO, *con los ojos desencajados, sujeta la pistola con ambas manos.* PERPETUA *deja de convulsionar. Un reguero de sangre corre por debajo del terciopelo negro y tiñe de rojo los azahares.* ZOILO, *sin soltar la bicicleta, se acerca al altavoz y detiene la música. Pausa larga.* PACÍFICO *se acerca a* PERPETUA.)

PACÍFICO   Está muerta. La has matado, Plácido, has matado a la Santa.

PLÁCIDO   Yo… los santos… me arrastraban… se querían llevar la bicicleta…

PACÍFICO   ¡Has matado a la santa…!

PLÁCIDO   Yo no he sido… los santos, han sido los santos…

PACÍFICO   Y para postre, seguro que se ha apagado la candela.

PLÁCIDO   ¿Seguro que está difunta?

PACÍFICO   Segurísimo. Te has cargado a la santa, Plácido.

(*Silencio. Después un gemido, un llanto inconsolable que sale de la garganta de los dos hermanos.* ZOILO *acaricia la bicicleta.* PACÍFICO, *anegado en lágrimas, lentamente levanta las sayas de la santa y mira debajo.)*

PLÁCIDO (*Hipando.*) ¿Qué haces?

PACÍFICO Mirar.

PLÁCIDO ¿El qué?

PACÍFICO Si tiene cola.

PLÁCIDO Ten un poco de respeto, por amor de dios.

PACÍFICO Ten respeto tú, que eres el que la ha despachado.

(*Pausa.*)

PLÁCIDO (*Con un hilillo de voz.*) ¿Y tiene?

PACÍFICO No.

PLÁCIDO ¿Entonces?

PACÍFICO Nada. No tiene nada de nada. Está lisa como un taco de madera.

ZOILO Me marcho.

PACÍFICO Llévese la bicicleta, que nosotros no la queremos para nada.

ZOILO Con ello contaba.

PLÁCIDO   Yo… los santos… qué vamos a hacer ahora…
            (*A* ZOILO, *agarrándolo del abrigo.*) ¿Qué va a
            ser de nosotros ahora?

ZOILO   No es mi problema.

PLÁCIDO   Tenga compasión, ayúdenos… Si yo no ten-
            go puntería… si no he disparado un arma en
            mi vida… no está muerta… no puede estar
            muerta.

PACÍFICO   Calla y reza, hijo, reza… (PLÁCIDO *se arrodilla
            a los pies de la Santa y llora desconsolado. A* ZOI-
            LO.) Al salir, si me hace el favor, cierre la puer-
            ta de la cochera, que se ha quedado abierta…
            (ZOILO *inicia el mutis arrastrando el altavoz y
            con la bicicleta agarrada por el manillar.*) ¿Tam-
            bién se va a llevar usted el transistor?

ZOILO   Claro.

PACÍFICO   ¿Me lo podría regalar? Me gusta mucho esa
            música.

            (ZOILO *suelta el altavoz y abraza la bicicleta.*
            PACÍFICO *corre hacia el altavoz y lo pone en fun-
            cionamiento. Los hermanos se arrodillan ante el
            cadáver de la Santa.* ZOILO *lanza una última mi-
            rada al foro de la Alhambra de Granada y sale.*)

            Oscuro.

Esta primera edición de *santa Perpetua*
de Laila Ripoll, terminó de imprimirse
en septiembre de dos mil veinticuatro,
en Madrid